Rudolf Wallners
SCHMUNZEL-PUCCINI
und Zeitgenossen

Rudolf Wallners

SCHMUNZEL-PUCCINI
und Zeitgenossen

VERLAG JOHANNES HEYN

Abbildung auf Seite 3:
Puccinikarikatur von Enrico Caruso
(Paris 1910)

Gedruckt auf EOS 1,75f
Schrift: ITC Garamond light, 11 Punkt
Titel: Bauer Bodoni, 16,5 Punkt

© by Verlag Johannes Heyn
Klagenfurt, 2003
Druck: Druckerei Theiss GmbH, A-9431 St. Stefan
ISBN 3-7084-0022-4

Vorwort

Giacomo Puccini, das bedeutet für den Opernfreund unsterbliche Melodien, berühmte „Ohrwürmer"-Arien, zu Herzen gehende Sterbeszenen …

Die Bühnenwerke des großen toscanischen Komponisten sind zu richtigen Dauerbrennern des internationalen Opernrepertoires geworden, und das mit Recht, denn die Schönheit dieser Musik ist unbestritten. Dennoch muss es erlaubt sein, sich diesen Dingen auch auf eine Art zu nähern, die nicht ausschließlich tierisch ernst ist. Genau das tut der Autor in seinem mittlerweile dritten Operngedichtband. Es ist ein Opernführer, der nicht nur die Handlung aller Bühnenwerke Giacomo Puccinis (sowie einiger ausgewählter Werke von Puccini-Zeitgenossen) behandelt, sondern darüber hinaus auf Fragen eingeht wie etwa: Warum hat die TOSCA keinen vierten Akt?, Wie glaubhaft ist die Behauptung, dass das BUTTERFLY-Kind blonde Haare hat?, Welche Puccini-Oper führt uns vor Augen, dass die Antibabypille ein Segen ist? usw.

Auf humorvolle Weise, aber auch mit inniger Liebe zu dieser Kunstgattung wird Logik und Glaubwürdigkeit der auf der Bühne gezeigten Geschichten zerpflückt und poetisch verarbeitet. Das Ergebnis ist ein weiterer Schritt auf dem Weg zu einem umfassenden dichterischen Opernführer. Und – wie sagt das Sprichwort so schön? „Aller guten Dinge sind vier!" Der nächste „Schmunzel-Band" ist bereits in Vorbereitung. Er wird dem Gesamtwerk Wolfgang Amadeus Mozarts gewidmet sein.

Giacomo Puccini

geb. 22. 12. 1858 in Lucca
gest. 29. 11. 1924 in Brüssel

Federzeichnung von Rudolf Wallner

1. LE VILLI

Opera-ballo in zwei Akten
Text von Ferdinando Fontana
Uraufführung: 31. Mai 1884
Teatro dal Verme, Milano

Im Schwarzwald lebte einst ein junges Mädchen,
die Anna, die war hübsch und gut gebaut
und hatte einen jungen Mann am Fädchen,
den Robert, der auch liebte seine Braut.

Das hätte wohl ganz stinknormal geendet
mit Hochzeit und mit einer Kinderschar,
wenn sich das Schicksal nicht noch hätt' gewendet
und alles anders kam so ganz und gar.

Denn kurz vor ihrem Standesamttermine,
da traf aus Mainz plötzlich die Kunde ein:
„Gestorben ist die Tante Josefine
und erben wird der Robert ganz allein!"

„Schau, Annerl", sagte er, „das musst verstehen,
zum Heiraten, da brauchen wir das Geld.
Ich muss halt ganz geschwind nach Mainz jetzt gehen,
drei Tage nur, 's ist ja nicht aus der Welt!"

Doch kaum dass in der Stadt er angekommen,
als er gleich einer Dirne Reiz erlag.
Von wilden Sexgelagen ganz benommen,
verschob die Rückkehr er von Tag zu Tag.

Der Tante Geld, das war recht bald zu Ende,
des jungen Mannes Lage ward prekär.
Die Domina hob abwehrend die Hände:
„Kein Geld? Dann gibt's auch keine Liebe mehr!"

Als Anna das erfuhr, fiel tot sie nieder.
Zu viel war für das arme Ding der Schmerz.
Der Arzt, der untersuchte ihre Glieder,
schrieb auf den Totenschein: „Gebroch'nes Herz"!

In Deutschland gibt es eine alte Sage,
dass junge Frau'n als Geister wiederkehr'n,
wenn sie gestorben vor dem Hochzeitstage,
und wehe dann den ungetreuen Herr'n!

Der Robert, der die Sage kennt seit Jahren,
doch nie daran geglaubt hat offenbar,
der muss es nun am eig'nen Leib erfahren:
Die Sache ist kein Märchen, sie ist wahr!

Grad' als er durch den Wald nach Haus will gehen,
da werden seine Beine starr vor Schreck.
Er sieht vor sich die Geistermädchen stehen,
sein Atem stockt, er kommt nicht mehr vom Fleck.

„Jetzt kriegst den Lohn für deine schlimme Straftat",
ruft Anna aus, „du sexbesess'ner Wicht,
wenn dich die Syphilis nicht weggerafft hat,
den Twist mit uns, den überlebst jetzt nicht!"

's geht los, er schafft's nicht, in den Takt zu kommen,
was an der Sach' ihm schnell den Spaß verdirbt
und weil er niemals Tanzstunden genommen,
verhaspelt er sich bald, fällt hin und stirbt.

Das Werk hat nur fünf viertel Stunden Länge.
Betrachtet man's genau, wird man's versteh'n,
denn es passiert zwar eine ganze Menge,
doch ziemlich viel davon ist nicht zu seh'n.

Die Sache etwa mit den Sexgelagen,
von der wird nur erzählt so nebenbei.
Und das ist gut, denn ich muss offen sagen:
Die Oper wäre sonst nicht jugendfrei!

2. EDGAR

Oper in drei Akten
Text von Ferdinando Fontana nach dem Versdrama
„La coupe et les lèvres" von Alfred de Musset
Uraufführung: 21. April 1889
Teatro alla Scala, Milano

(Ein Opernquiz für Fortgeschrittene)

1. Akt:

Ein Jüngling, fesch und stattlich anzuschauen,
wird angehimmelt von zwei hübschen Frauen.
> **Man denkt:** „‚**DON CARLOS**' oder die ‚**AIDA**'!",
> doch irrt man hier zuerst – und dann gleich wieder.

Er nimmt die Rassige, wie klar zu sehen,
und lässt das schüchternere Mädchen stehen.
> **Man denkt:** „Nun ja, dann muss es ‚**CARMEN**' sein!"
> Ein Irrtum abermals; es stimmt nicht, nein!

Nun möcht' die Angebetete des Knaben
ein anderer Mann ebenfalls gern haben.
> **Man denkt:** „Klar: ‚**ADRIANA LECOUVREUR**'!"
> Pardon, auch das ist falsch, welch ein Malheur!

Bevor das Pärchen flieht, zündet der Mann
noch ganz geschwind das eig'ne Häuschen an.
> **Man denkt:** „Das könnt' in ‚**FEUERSNOT**' passieren!",
> doch wer das glaubt, der wird aufs Neue irren!

In weit'rer Folge kommt es ziemlich schnell
zwischen den zwei Rivalen zum Duell.
> **Man denkt:** „Ob das nicht der ‚**ONEGIN**' ist?",
> doch das ist auch nicht richtig, so ein Mist!

2. Akt:

Der Held, in seiner Liebe nicht mehr schlüssig,
wird bald seiner Geliebten überdrüssig.
    Man denkt: „‚CAVALLERIA RUSTICANA'!",
    doch ist auch dieser Schuss ein ganz vertaner!

Auf einmal sehnt der Mann sich nach dem Glück
als Partner von der Schüchternen zurück.
    Man denkt: „Das könnte zu ‚RUSALKA' passen!"
    Auch fehl geraten, es ist nicht zu fassen!

Als jetzt ein Trupp Soldaten aufmarschiert,
wird der vom Ex-Rivalen kommandiert.
    Man denkt: „‚DER LIEBESTRANK' ist zu erleben!",
    doch liegt man auch mit diesem Tipp daneben.

Zwischen den Männern kommt es jetzt als Krönung,
nach langer Feindschaft endlich zur Versöhnung.
    Man denkt: „Der ‚SIMON BOCCANEGRA', freilich!",
    doch täuscht man sich da wieder ganz abscheulich!

Der Vamp schwört – eine völlig klare Sache –
den Männern aus Enttäuschung bitt're Rache.
    Man denkt: „Das ist aus ‚ŠARKA' ein Motiv!",
    doch liegt man auch mit der Vermutung schief.

3. Akt:

Der Titelheld erscheint nun unerkannt
in seinem Heimatdorf in Mönchsgewand.
    Man denkt: „‚DIE MACHT DES SCHICKSALS'
    ist das sicher!",
    's ist wiederum ein Flop, ein fürchterlicher!

Man hält den Mann für tot; ein Mordserlebnis:
Er geht zu seinem eigenen Begräbnis!
    Man denkt: „'s könnt' sich um ‚RODELINDA' drehen!",
    doch muss man, dass das falsch ist, eingestehen!

Inkognito klagt jetzt sich selbst der Mann
des liederlichen Lebenswandels an.
> **Man denkt:** „Ist es der ‚**TANNHÄUSER**' am End'?",
> doch täuscht sich sehr, wer das für richtig fänd'!

Der Volkszorn kocht, die Schüchterne allein
tritt nun vor allen Leuten für ihn ein.
> **Man denkt:** „Der ‚**PETER GRIMES**', das käme hin!",
> doch ist am Holzweg, wer dies' Werk im Sinn.

Danach sticht glatt die Rassige ganz bieder
die Schüchterne mit ihrem Messer nieder.
> **Man denkt:** „Das passt zum ‚**EDGAR**' gar nicht schlecht!"
> und hat damit zum Abschluss endlich Recht.

Die Oper, von der hier die Rede war,
ist inhaltlich ein Horror ganz und gar.
Drum meine ich, es ist gar keine Schand',
wenn man dies' Flickwerk nicht sogleich erkannt!

3. MANON LESCAUT
(oder „Die Flucht")

Oper in vier Akten
Text von Marco Praga, Domenico Oliva, Ruggero Leoncavallo,
Luigi Illica, Giuseppe Giocosa und Giulio Ricordi
nach dem gleichnamigen Roman von Antoine Francois Prevost
Uraufführung: 1. Februar 1893, Teatro Regio Ducale, Torino

Ein Schmalzroman von Herrn **Abbé Prevost**
erzählt die Story der **Manon Lescaut**.
Und – welch ein Glück! – es fand sich auch ein Mann,
der mit einer **Vertonung** gleich begann.
Bald gab es eine zweite Version
und wenig später eine dritte schon.
Ich will bei e i n e r Variante bleiben
und die **P u c c i n i - O p e r** hier beschreiben.

Ein Mädchen, jung und lieblich anzuseh'n,
soll nach der Eltern Will'n ins Kloster geh'n,
doch ganz knapp vorher noch geschieht es dann,
dass ihr begegnet just ein fescher Mann.
Statt in die Klosterzelle einzuzieh'n,
beschließt sie, mit dem Burschen schnell zu **flieh'n.**

Soweit der Dinge Stand beim letzten Takte
am Ende von dem **ersten** der vier Akte.

Im zweiten ist sie die Mätresse dann
von einem stinkigreichen, alten Mann.
Da kommt ihr junger Freund, nur ein's im Sinn:
Er will zum zweiten Male mit ihr **flieh'n.**
„Ich nehm noch schnell was mit so nebenbei!",
sagt sie, doch plötzlich kommt die Polizei.

Sie wird verhaftet bei dem letzten Takte
am Ende von dem **zweiten** der vier Akte.

Im dritten Akt sind wir beim Tage schon
von ihrer Auslandsdeportation.
Der junge Freund eilt zum Gefängnis hin.
Er will zum dritten Male mit ihr **flieh'n.**
Nachdem das scheitert, sind sie – siehe da! –
bald unterwegs nach Nordamerika.

Das ist die Lage nun beim letzten Takte
am Ende von dem **dritten** der vier Akte.

Im Schlussakt nun, da sehen wir das Paar
in einer Wüste in den USA.
Sie schleppen sich ganz müd' und schlapp dahin;
sie wollen jetzt zum vierten Male **flieh'n.**
Nachdem's kein Restaurant gibt weit und breit,
verhungern und verdursten sie zu zweit.

Sehr traurig ist der Stand beim letzten Takte
am Ende von der Oper **letztem** Akte.

Das Werk ist musikalisch wirklich toll,
nur mein' ich, dass es anders heißen soll.
Ich hab' den rechten Titel lang' gesucht:
Bei mir hieß' diese Oper nur „**DIE FLUCHT**"!,
wobei's grotesk ist, dass uns das entzückt,
obwohl dem Paar die Flucht ja gar nicht glückt!
**Doch sind's ja stets die negativen Sachen,
die einer Oper wahren Reiz ausmachen!**

4. LA BOHÈME

Szenen aus Henri Murgers
„La vie de Bohème" in vier Bildern
Text von Giuseppe Giocosa und Luigi Illica
Uraufführung: 1. Februar 1896
Teatro Regio Ducale, Torino

Vier Männer der Pariser Künstlergarde
bewohnen eine schäbige Mansarde:
Poet und Denker, Musiker und Maler,
sie frier'n und hab'n im Börsel keinen Taler.
Der Ofen kalt; es gibt fast nichts zu essen,
da woll'n sie, um ihr Elend zu vergessen,
am Weihnachtsabend auswärts essen gehen.
(Wer's zahlen wird, das würde man schon sehen!)
Rudolf, der Dichter, will zurück noch bleiben
und schnell einen Artikel fertig schreiben.
Er denkt gerade nach, wie er's vollführe,
da klopft Fräulein Mimi an seine Türe:
„Könnten Sie mir die Kerze da anzünden?
Ich kann grad' meine Streichhölzer nicht finden."
Der Rudolf sich an ihrer Schönheit weidet
(er weiß noch nicht, dass sie an Schwindsucht leidet).
Er nimmt behutsam ihr eiskaltes Händchen,
von Herz zu Herz knüpft sich ein zartes Bändchen.
So geht der erste Akt denn ganz behände
mit dem berühmten Liebesduett zu Ende.

Mimi wird, im Kaffeehaus angekommen,
gleich in die Künstlerrunde aufgenommen.
Man plaudert, scherzt und lacht im Freundeskreise,
genießt in vollen Zügen Trank und Speise.
Plötzlich betritt die Szenerie ganz wacker
Musette mit einem reichen, alten Knacker.
Marcel, den Maler, zieht's mit mächt'gem Triebe
zu ihr, denn sie ist seine alte Liebe.
Nun gilt's, eine Gelegenheit zu finden,
gemeinsam mit den andren zu verschwinden.

Der Kellner kommt: „Bezahlen, meine Herren!"
und staunt nicht schlecht, als die ihm rasch erklären:
„Die Rechnung zahlt der Onkel da, der nette,
der reiche Haberer von der Musette!"

Im dritten Akt, da müssen wir erfahren,
so einfach ist das nicht mit den zwei Paaren!
Musette und auch Marcel, die streiten tüchtig
und Rudolf ist gar mächtig eifersüchtig.
Bald trennen sie sich, bald sind sie beisammen,
die Herren sind mal mit, mal ohne Damen.

Und so ging's wohl für alle Zeiten weiter.
Da fanden's die Autoren doch gescheiter,
das Publikum zu rühr'n auf jeden Falle
mit einem tränendrüsigen Finale:
Mimi, die stirbt an der Tuberkulose
und Rudolf schluchzt mit theatral'scher Pose.

Es ist nicht wirklich, sondern nur erfunden,
und doch, ich sage es ganz unumwunden:
Wie oft man auch beschließt, es aufzuführen,
wir lassen uns doch immer wieder rühren!

5. TOSCA

Oper in drei Akten
Text von Giuseppe Giacosa und Luigi Illica
nach dem gleichnamigen Drama von
Victorien Sardou
Uraufführung: 14. Jänner 1900, Teatro Costanzi, Roma

In Rom hat sich (im Juni achtzehnhundert)
der mächt'ge Polizeichef sehr gewundert,
dass es einem Gefang'nen konnt' gelingen,
dem Hochsicherheitstschumpus zu entspringen.

Der Boss der Polizei, so wird betont,
ist Anhänger der Antifrankreichfront,
der Sträfling doch, hört man so nebenbei,
ein Mitglied der Napoleonpartei!
    Wir sehen: Eine strafrechtliche Sache
    ist oft politisch motivierte Rache!

Dem Flüchtenden, dem kommt es sehr zugute,
dass in der Kirche just in der Minute,
da er hineingeht, um sich zu verstecken,
ein Maler d'rangeht, Leinwand zu beklecken.

Nun ist der Künstler, wie schnell wird bekannt,
a u c h ein Napoleonsympathisant.
Er sagt zum Flüchtling: „Ich bring' dich da weg.
Ich weiß auch schon ein passendes Versteck!"
    Wir sehen: Manchmal kann's tatsächlich nützen,
    das richtige Parteibuch zu besitzen!

Des Malers Braut, als Sängerin recht tüchtig,
ist argwöhnisch und furchtbar eifersüchtig.
Dass nichts der Dame Misstrauen erwecke,
erzählt der Mann ihr auch von dem Verstecke.

Da er verdächtig ist, wie sich bald zeigt,
wird er verhört, gefoltert, doch er schweigt.
Plötzlich, man traut den eig'nen Ohren nicht,
verrät die Braut einfach die ganze G'schicht.
> **Wir seh'n:** Im Ernstfall sollte man den Frauen
> doch besser kein Geheimnis anvertrauen!

Die Braut macht sich um ihren Freund jetzt Sorgen
(dem droht die Hinrichtung am nächsten Morgen).
Sie bietet an – im Handel für sein Leben –
sich selbst dem Polizeiboss hinzugeben.

Der Lüstling, der korrupt ist und gemein,
geht tatsächlich auf diesen Vorschlag ein.
Doch kaum ist der Passierschein ausgefüllt,
als sie ihn mit dem Messer einfach killt.
> **Wir seh'n:** Wer andren Gruben gräbt auf Erden,
> muss rechnen, selbst hineingehaut zu werden!

Am Morgen eilt die Frau hin zum Gefängnis,
den Freund dort zu befrei'n aus der Bedrängnis.
„Nun freu' dich doch!", ruft sie, „sei nicht verdrossen,
du wirst nämlich z u m   S c h e i n e   nur erschossen!"

Doch wer die Oper kennt, der weiß genau:
Die täuscht sich da ganz schön, die gute Frau!
Denn nach der Exekution ist klar,
es war B e t r u g , das mit dem Formular.
> **Wir sehen:** Amtlich ausgefüllte Scheine
> besitzen den Papierwert nur alleine!

Jetzt stürzt die Sängerin gleich einem Pfeile
sich von der Engelsburg in aller Eile.
Ein kurzes Nachspiel noch, nur ein paar Takte,
der Vorhang fällt, vorbei sind die drei Akte.

Ein v i e r t e r A k t hätt' zum Begebnisse
nur die verschiedenen Begräbnisse.
Und das würde, wie doch wohl einzuseh'n,
die Spannung des Geschehn's nicht mehr erhöh'n.
Wir seh'n: Zwei Stunden nur währt die Vergnügung.
Es steh'n halt nicht m e h r Leichen zur Verfügung!

6. MADAMA BUTTERFLY

Oper in drei Akten (Urfassung: zwei Akte)
Text von Giuseppe Giocosa und Luigi Illica
nach dem gleichnamigen Schauspiel
von David Belasco
Uraufführung:
17. Februar 1904, Teatro alla Scala, Milano (2 Akte)
28. Mai 1904, Teatro Grande, Brescia (3 Akte)

Ein ganz berühmter Opernreißer handelt
von einem jungen Ami-Offizier,
der mit einer Japanerin anbandelt,
sich aber kurz d'rauf wieder trennt von ihr.

Dabei hat das so wunderbar begonnen:
Das Pärchen war in Lieb' und Glück vereint,
doch leider war der Mann sehr unbesonnen;
er hat's von Anfang an nicht ernst gemeint.

Nun nimmt man an, das Mädchen sagt: „Du Penner,
hau ab und komm' nie wieder in mein Haus!
Es gibt ja auch in Japan fesche Männer.
Ich such mir halt von denen einen aus."

Doch nein, sie harret seiner noch nach Jahren
und träumt noch immer vom Familienglück,
bis sie die bitt're Wahrheit muss erfahren:
Dieser Hallodri kommt nicht mehr zurück!

Im Lauf der Zeit hätt' sie ihn wohl vergessen
(siehe den dritten Abschnitt des Gedichts),
wenn da nicht auch ein Kind wäre gewesen.
Von diesem aber weiß der Mann noch nichts.

Dem Ami-Konsul will es nicht gefallen,
dass da sein Landsmann feig davon einst lief.
Er sagt: „Der muss doch Alimente zahlen.
Passt auf, ich schreib' ihm sofort einen Brief!"

Und während man noch spricht über die Sache,
da fährt ein Kriegsschiff in den Hafen ein.
Der jungen Frau verschlägt's vor Freud' die Sprache.
Sie stammelt nur: „Das muss mein Liebster sein!"

Und tatsächlich: Er ist wieder im Lande,
doch nicht, um, wie die Arme hätt' gedacht,
zu ihr zurückzukommen, denn, o Schande,
er hat auch seine Gattin mitgebracht!

Nun hört er von dem Sohn, will nicht lang fragen,
sagt gleich zur Frau: „Den nehmen wir uns mit.
Dann brauchen wir uns selbst nicht so zu plagen,
ein Kind zu kriegen; wir sind gleich zu dritt!"

Der jungen Mutter ist da nicht zum Lachen.
Das Leben scheint ihr plötzlich nichts mehr wert.
Sie spricht: „Jetzt muss ich mir den Garaus machen"
und tötet sich mit ihres Vaters Schwert.

Im Text heißt es, dass sie erst **fünfzehn Jahr'** ist,
was freilich keiner Sängerin wer glaubt.
's gibt vieles, was in Wirklichkeit nicht wahr ist,
doch in der Oper ist's durchaus erlaubt.

Dann wird gesagt, der Bub hätt' **blonde Haare.**
Nun fragt' ich, ob das sein kann, den Friseur.
Der sprach: „Die Mutter schwarz? Nein, Gott bewahre,
dass der dann blond ist, das gibt's nimmermehr!"

Dass außerdem die USA-Marine
einer **Soldatenfrau** einfach erlaubt,
im Kriegsschiff mitzufahr'n in der Kabine,
auch das fällt eher schwer, dass man es glaubt.

Auch wenn man da die Logik mag vermissen,
so sollten wir nicht gar so kritisch sein.
Bei dieser Oper muss man eines wissen:
Sie ist sehr schön, und das zählt ganz allein!

7. LA FANCIULLA DEL WEST
(oder die Logik der italienischen Oper)

Oper in drei Akten
Text von Carlo Zangarini und Guelfo Civinini
nach dem Schauspiel „The Girl of the Golden West"
von David Belasco
Uraufführung: 10. Dezember 1910
Metropolitan Opera, New York

Ein Camp von Goldgräbern im Wilden Westen
ist voll von in- und ausländischen Gästen:
Da gibt es Amis und auch Indianer,
Australier, Europäer, Mexikaner,

was keine Sprachprobleme mit sich bringt,
weil jeder nur italienisch singt!

Es sorgt, was selbst dem Sheriff kaum gelänge,
ein Mädchen hier für Ordnung in der Menge.
Natürlich würden mehrere der Knaben
das hübsche Ding gern als Geliebte haben,

doch kommt da abends jeder einmal dran,
(dass er mit ihr die Bibel lesen kann)!

Als plötzlich jetzt ein Fremder tritt ins Spiele,
ist es auf einmal aus mit der Idylle.
Der tut recht nett, denn er will ja verhehlen,
dass er das Gold der Männer möchte stehlen.

Dem Mädel scheint die Sache klar zu sein:
Sie lädt den Räuber in ihr Blockhaus ein.

So trifft man sich – ganz gegen Ehr' und Sitte –
auf Bergeshöh'n allein in ihrer Hütte.
Die beiden unterhalten sich mit Muße,
nach kurzer Zeit kommt es zum ersten Kusse.

Dann ahnt man schon das weitere Gescheh'n:
Er sagt: „Entschuldigung, ich muss jetzt geh'n!"

Inzwischen hat's zu schneien angefangen.
Der Fremde kann nicht mehr ins Tal gelangen.
„Jetzt bleib doch da, der Schnee liegt schon zwei Meter!",
sagt sie, da klopft der Sheriff wenig später.

„Der Mann ist ein Bandit!", sagt er ihr nur
und zeigt im tiefen Schnee auf dessen Spur.

Doch dem Verfolgten glückt's, sich zu verstecken
und so kann ihn der Sheriff nicht entdecken.
D'rauf weist die Maid dem Gast die Tür verdrossen,
der geht und wird vom Sheriff angeschossen,

schleppt sich mit letzter Kraft zurück ins Haus,
schließt schnell die Tür und ruft: „Ich will hinaus!"

Erst jetzt will es dem Amtmann doch gelingen,
den Räuber in seine Gewalt zu bringen.
„Das wär's dann!", sagt der Sheriff ziemlich lustlos.
Das Mädchen meint: „Er ist zwar schon bewusstlos,

doch eh' wir aufbrechen ins Krankenhaus,
geht sich ein kleines Kartenspiel noch aus!"

Nun wird mit diesem Spielchen, dem perfiden,
brutal über des Gangsters Kopf entschieden.
Das Mädel haut den Sheriff in die Pfanne,
verhilft somit zur Flucht dem andren Manne.

Der ist indes zwar halb verblutet schon,
kommt aber dennoch ohne Arzt davon.

Obwohl der Mann die Freiheit hat erhalten,
ist alles kurz d'rauf wiederum beim Alten:
Er wird geschnappt, grad soll's die Lynchung geben,
da kommt das Girl und rettet ihm das Leben.

Der Sheriff meint: „Mich schmerzt's, wenn ich das seh',
doch meinetwegen, nimm ihn dir und geh'!"

Der Räuber schnappt das Mädchen bei den Händen
und sagt: „Lass' uns den Aufenthalt beenden.
Lebt wohl, ich hoff', dass niemand was bereuet.
Es war sehr schön, es hat mich sehr gefreuet!"

Dann reiten sie so drei, vier Tage lang
schnurgerade in den Sonnenuntergang.

Wohin werden sie geh'n, wovon dann leben?
Und wird's für sie gleich eine Wohnung geben?
Kriegt er nicht des Gesetzes Macht zu spüren?
Und müsst' er nicht das Raubgut retournieren?

Doch ist ganz schön naiv, gelind' gesagt,
wer in dem Werk nach solchen Dingen fragt!

8. LA RONDINE

Oper in drei Akten
Text von Giuseppe Adami
nach einem deutschen Libretto
von Alfred Willner und Heinz Reichert
Uraufführung: 27. März 1917
Théatre du Casino, Monte Carlo

Frau Magda aus Pariser Lebekreisen
war einstmals mit einem Bankier liiert.
Das sollt' sich als nicht dauerhaft erweisen,
denn plötzlich ist da Folgendes passiert:

Bei einem der gesellschaftlichen Feste,
die stattfanden bei ihr von Zeit zu Zeit,
da hat einer der anwesenden Gäste
der jungen Frau die Zukunft prophezeit:

Ein Liebesabenteuer zu erleben,
sei ihr bestimmt, mit einem jungen Mann.
Und ganz genau so hat es sich begeben,
wie sich das zeigt im zweiten Akte dann.

Da seh'n wir nun die Magda ganz alleine,
nach einem feschen Jüngling auf der Jagd.
Sie hofft, dass dieser tatsächlich erscheine,
denn so wurd' es ihr ja vorausgesagt.

In dem berühmten „Chez Bullier"-Kaffeehaus
setzt sie zu einem Mann sich an den Tisch.
Sie denkt: „Mit dem Bankier, da ist es eh aus.
Ich hoff', dass ich den Rechten jetzt erwisch'!"

Und wirklich: Kurz darauf hört man ihn sagen:
„Ich liebe dich, ich kann gar nichts dafür.
Weißt was? Wir mieten morgen einen Wagen
und fahren damit an die Côte d'Azur!"

Dort leben sie jetzt fröhlich und zufrieden,
genießen all ihr Glück in Saus und Braus,
doch grad' so schnell, wie's ihnen war beschieden,
so schnell ist's mit dem Glück auch wieder aus.

Der Bursch, der hat nämlich nach Haus geschrieben,
wie's um den Sanktus für die Hochzeit steh'?
„Nur wenn das Mädchen unberührt geblieben",
schreibt ihm die Mama, „kriegst du das Okay!"

„Verflixt, ist die Bedingung eine harte!",
sagt Magda, „jetzt ist's aus mit meinem Glück.
Ich kauf' mir für den Schnellzug eine Karte
und fahr' halt wieder nach Paris zurück."

Das Ganze ist, woraus kein Hehl ich mache,
doch eher eine schwachbrüstige Sache.
Auch hat man da in manchem Punkt ganz sacht
bei andren Werken Anleihen gemacht:
Im ersten Bild ergibt sich ein sehr glatter
Bezug zum ersten Akt der TRAVIATA.
Im zweiten Akt, da gleicht dann ganz extrem
der Schauplatz dem im zweiten Akt BOHÈME.
Der dritte schließlich, nun der ähnelt eher
dem Schluss im LAND DES LÄCHELNS von Franz Lehar.

**Es ist wohl nicht das beste Werk von allen,
doch dem Puccinifreund wird's wohl gefallen!**

9. IL TABARRO
(oder „Rauchen ist lebensgefährlich")

Oper in einem Akt
Text von Giuseppe Adami,
nach der Novelle „La Houppelande" von Didier Gold
erster Teil der Trilogie IL TRITTICO
Uraufführung: 14. Dezember 1918
Metropolitan Opera, New York

Auf einem dieser alten Lastenkähne,
die in Paris dort schwimmen auf der Seine,
da wohnen, wie wir eingangs gleich erfahren,
Michele und Giorgetta schon seit Jahren.
Ein öderes und trostloseres Leben,
das kann es ja wohl wirklich kaum mehr geben.
Der Mann ist mürrisch, griesgrämig, verbittert
und eifersüchtig! Die Giorgetta zittert,
denn auf dem Schiff, da arbeitet ein Löscher,
der jünger als ihr Mann ist und viel fescher.
Und kaum, dass sie kapier'n, wie's zugegangen,
da hab'n die zwei ein Pantscherl angefangen.

Nachts, während in Paris die Lichter funkeln,
da trifft das Pärchen heimlich sich im Dunkeln.
Sie sagt: „Wir müssen das für uns behalten,
was glaubst, was mir sonst blüht von meinem Alten!"

Damit nun der Michele nichts erfahre,
wird schnell besprochen von dem Liebespaare
ein Zeichen, das besagt „Die Luft ist reine,
mein Mann ist grad' nicht da, ich bin alleine!"
Ein Licht, von einem Streichholz angezündet,
wär' das Signal, das dem Galan verkündet:
„Du kannst einen Moment zu mir reinrutschen,
wir können ungestört ein Weilchen knutschen!"

„Ein raffiniertes Zeichen!", will man meinen,
doch ganz so klug ist's nicht, wie es mag scheinen.
Am Abend liegt der Liebhaber auf Lauer,
da tritt Michele auf – uns packt ein Schauer!
Wir seh'n ihn seine Zündhölzer gebrauchen:
Er möchte noch ganz schnell ein Pfeiferl rauchen.

„O weh", denkt man, „das kann ins Auge gehen!"
Und während man's noch denkt, ist's schon geschehen:
Giorgettas Freund, der hält das für das Zeichen
und eilt aufs Schiff, sein Liebchen zu erreichen.
Da taucht vor ihm ganz plötzlich auf ihr Gatte.
Der packt ihn gleich ganz derb bei der Krawatte,
drückt zu, der Arme wehrt sich, doch vergebens,
er tut den letzten Schnaufer seines Lebens!

Das Beispiel führt vor Augen uns ganz redlich:
Tabak ist wirklich höchst gesundheitsschädlich!

10. SUOR ANGELICA
(oder „Die Pille ist ein Segen")

Oper in einem Akt
Text von Giovacchino Forzano
zweiter Teil der Trilogie IL TRITTICO
Uraufführung: 14. Dezember 1918
Metropolitan Opera, New York

Aus adeligem Haus ein junges Mädchen
stieg einst mit einem Burschen nachts ins Bettchen.
Die Knuddelstunde blieb nicht ohne Folgen,
die Adelssippschaft fiel aus allen Wolken.
„Was fällt dir ein, uns derart zu blamieren?",
bekam die Arme nun den Zorn zu spüren.
Man ward erbost und wurde noch erboster,
man schrie sie an: „Wir stecken dich ins Kloster!"
Und so ist es tatsächlich dann geschehen.
Das Mädchen hat sein Kind nicht mehr gesehen.

Jetzt lebt sie friedlich hinter Klostermauern
und hat viel Zeit, den Fehltritt zu bedauern.
Sie liebt die Blumen, pflegt den Kräutergarten
und weiß zu heilen Leiden aller Arten.

Nach sieben Jahren kommt nun ihre Tante,
die sie als kalt und hartherzig nur kannte.
Ganz kurz und schroff berichtet die der Armen
ohne das kleinste Zeichen von Erbarmen,
wie man verteilt das väterliche Erbe.
„Dass du nichts kriegst, ist klar!", erklärt sie derbe.
„Ja ja, schon recht", sagt 's Mädchen d'rauf geschwinde,
„mich int'ressiert nur: Wie geht's meinem Kinde?"
„Der Balg, mit dem die Ehr' du uns verdorben?
Ach ja, der ist vor Jahren schon gestorben!"

Das arme Hascherl ist zutiefst getroffen
und sagt: „Jetzt hab' ich gar nichts mehr zu hoffen!"
Des Nachts schleicht sie dann, ohne lang zu warten,
von ihrer Zelle in den Klostergarten,
braut sich ein Giftgetränk in einem Kruge
und trinkt es aus in einem einz'gen Zuge.

Ihr Selbstmord regt uns an zum Überlegen:
Die P i l l e ist doch tatsächlich ein Segen.
Denn hätt' sie diese damals schon genommen,
dann wär's ganz sicher nicht so weit gekommen!

11. GIANNI SCHICCHI

Oper in einem Akt
Text von Giovacchino Forzano
nach einer Episode aus
Dante Alighieris „Divina commedia"
dritter Teil der Trilogie IL TRITTICO
Uraufführung: 14. Dezember 1918
Metropolitan Opera, New York

Die **„Göttliche Komödie"** von Dante,
wer die bereits gelesen hatte, kannte
schon vorher die Geschichte **Gianni Schicchis**,
der listig die Florenzer Schickimickis
um ihr ergaunertes Vermögen brachte
und sich gewaltig dann ins Fäustchen lachte.

Mit einem Todesfall hat's angefangen:
Buoso Donati ist dahin gegangen.
Ums Bett des Toten stehen die Verwandten,
die habgierigen Neffen, Onkeln, Tanten.
Ein jeder will vom Erbe was erhalten
und heuchlerisch beweinen sie den Alten.
Das Testament taucht auf nach läng'rem Suchen,
der Sippschaft ist ganz plötzlich sehr zum Fluchen,
denn aus dem Dokument ist zu ersehen,
dass die Verwandten alle leer ausgehen!
Das ganze Hab und Gut – 's ist nicht zu fassen –
hat Buoso just **dem Kloster** hinterlassen!
Sie sind enterbt, es schwillt ihnen die Galle.
„Das nehmen wir nicht hin!", rufen sie alle,
„wir woll'n von uns'rem Erbe etwas sehen,
so geht das nicht, da muss etwas geschehen!"

„Wen gäb' es da?", beginnt man nachzudenken,
„der das zu unsren Gunsten könnte lenken?"
„Der **Gianni Schicchi!**" Der ist zwar ein Bauer,
doch, wie man weiß, ein ganz besonders schlauer.
Man holt ihn und er hat im Handumdrehen
auch gleich die Lösung, wie es könnte gehen:
„Passt auf, ich leg' mich in das Bett des Toten,
dann schicken zum Notar wir einen Boten,
der sagt: ‚Der Buoso ist jetzt zum Krepieren
und möcht' sein Testament noch g'schwind diktieren!'"

Der Schicchi zieht sich um mit viel Geschicke.
(Der Herr Notar ist kurzsichtig zum Glücke.)
Schon lechzen die Verwandten nach der Beute,
doch kurz nur währt die Euphorie der Leute,
denn Schicchi, dieser Schlaumeier, der dreiste,
vermacht jetzt kühn **sich selbst** das Allermeiste.
Die so Betrog'nen knirschen mit den Zähnen,
doch dürfen sie natürlich nichts erwähnen
vom echten Testament und Schicchis Finte,
sie sitzen schließlich **selbst** mit in der Tinte!

Kaum sind die Dokumente unterschrieben,
wird die Verwandtschaft flugs hinausgetrieben:
„Da habt ihr Pech gehabt, ihr lieben Leute",
ruft Schicchi, „denn das Haus g'hört mir seit heute!"

Voll Ärger sieht man sie von dannen rennen
und schmerzlich müssen sie am End' erkennen:
Wer andere betrügen will auf Erden,
muss rechnen, selbst ums Ohr gehaut zu werden!

Und Schicchi? Nun, der schmort auf alle Fälle
(laut Dante Alighieri) in der Hölle.
Doch ist der Gute sicher nicht allein,
ich glaub' vielmehr, der Platz wird dort zu klein!

12. TURANDOT

Oper in drei Akten
Text von Giuseppe Adami und Renato Simoni
nach dem gleichnamigen Märchenspiel von Carlo Gozzi
Uraufführung: 25. April 1926
Teatro alla Scala, Milano
(Finale nachkomponiert von Franco Alfano)

Einst lebt' in Pekings kaiserlich' Palaste
eine Prinzessin, die die Männer hasste
und hobbymäßig junge Prinzen fällte,
indem sie ihnen schwere Rätsel stellte.
Wenn einer diese nicht zu lösen wusste,
war's so, dass er das Köpfchen lassen musste!

Das Ganze ist, wie jeder wird gestehen,
nicht unbedingt ein glaubwürdig' Geschehen.
Ein M ä r c h e n ist's, das uns jedoch begeistert,
weil's musikalisch wirklich gut gemeistert.

Der Zuschauer erlebt zunächst voll Rührung
eine F a m i l i e n z u s a m m e n f ü h r u n g :
Prinz Kalaf findet seinen Vater wieder
(der fällt vor ihm grad' auf die Erde nieder).
Die Freude ist indes von kurzer Dauer,
denn bald vernimmt der Alte voller Trauer:
Sein Sohn, auch e r will sich den Fragen stellen
und sich danach mit Turandot vermählen!
So einfach ist das nicht, wird ihm berichtet,
denn seine Hoffnung wär' wohl bald vernichtet.
Liu, der Sklavin, ist da nicht zum Grinsen
(sie liebt, wie man sich denken kann, den Prinzen).

Am nächsten Tag stellt der sich gleich den Fragen
und – sapperlot! – er weiß sich gut zu schlagen!
Im Handumdreh'n kann er die Antwort sagen
auf alle drei gestellte Rätselfragen.
Die Turandot, die kann das gar nicht glauben:
„Der Mann will mir jetzt meine Unschuld rauben!"
Sie zetert, jammert nun zum Steinerweichen
und kann damit am Ende auch erreichen,
dass Kalaf den Vollzug der Ehe aufschiebt
und der Hysterischen noch eine Chance gibt:
Könnt' sie bis morgen seinen N a m e n nennen,
dann würde er geschlagen sich bekennen!
„Na gut", sagt sie, „das wäre doch zu schaffen,
dann darf halt heut' in Peking keiner schlafen.
Bis morgen früh, da muss es doch gelingen,
über den Namen Klarheit zu erringen!"
Doch Kalaf hält den Mund ganz fest verschlossen.
Das macht das Team der Turandot verdrossen
und es beschließt, die S k l a v i n jetzt zu plagen,
so lang, bis die den Namen würde sagen.
Liu aber, die will nicht länger leben,
macht Selbstmord, statt den Namen preiszugeben.
Prinz Kalaf gibt jetzt – kann's Naiv'res geben? –
in Turandots Hand absichtlich sein Leben,
verrät nun gar der kapriziösen Dame,
ganz freiwillig, wie er sich schreibt, sein Name.
Da fragt man sich: „Ja, gibt's denn solche Sachen?
Wie kann ein Mann sich so zum Narren machen!"
Doch der Prinzessin scheint's zu imponieren
und sie beschließt, sich länger nicht zu zieren.
Vielleicht ist's ja ein Ehemann, ein guter!
Sie heirat' ihn und alles ist in Butter.

So endet die Geschichte dieser Leute.
Wenn s' nicht gestorben sind, leben s' noch heute.

Pietro Mascagni
geb. 7. 12. 1863 in Livorno
gest. 2. 8. 1945 in Rom

Federzeichnung von Rudolf Wallner

CAVALLERIA RUSTICANA

Melodramma in einem Akt
Text von Giovanni Targioni-Tozzetti
und Guido Menasci nach der gleichnamigen
Erzählung von Giovanni Verga
Uraufführung: 17. Mai 1890
Teatro Costanzi, Roma

Ein Werk von Liebe, Eifersucht und Rache
erfreut sich großer Popularität,
dabei ist das ja eine schlimme Sache,
bei der's um Ehebruch und Totschlag geht!

Da diese Opernkriminalgeschichte
von Anbeginn an doch recht kompliziert,
so sei gestattet mir, dass ich berichte,
der Reihenfolge nach, was da passiert:

Am Anfang singt ein junger Mann ein Ständchen,
das gilt einer verheirateten Frau.
Doch er hat eine andre noch am Bändchen.
Man denkt sich: „So ein Sexprotz doch, schau schau!"

Die Sache, also die ist so gekommen:
Der Bursch war mit der einen einst liiert.
Als die dann einen andren hat genommen,
war er natürlich ziemlich arg frustriert.

Um sich zu trösten, wandte er in Eile
sich kurzerhand dem andren Mädchen zu.
Die Arme merkte schon nach kurzer Weile:
„Der liebt mich gar nicht wirklich, der Filou!"

Der Ersten war es nämlich rasch gelungen,
erneut ihn zu verführ'n, den jungen Mann,
(darum hat er das Liedchen ihr gesungen
am Anfang, als die Oper grad' begann!).

Ihr Mann, ein Unternehmer, ein gehetzter,
ahnt nichts von all dem, was da vor sich geht.
Wie üblich, erfährt er es auch als Letzter,
wie's um die Treue seiner Gattin steht.

Er ist ein Ein-Mann-Speditions-Inhaber,
der selbst am Ostersonntag arbeitet.
Und da gar alle Tage sehr auf Trab er,
kommt er zum Festtagsgottesdienst zu spät.

Der Zufall will's, dass just in der Minute
die andere auch vor der Kirche steht.
Die sagt sich nun: „Das kommt mir sehr zugute!"
und – flugs – sie ihm den Ehebruch verrät.

„Die Schande!", schreit der Mann, „sie werden's büßen,
ich bin in meiner Ehre tief verletzt.
Und dieser Strizzi, der wird sterben müssen
dafür, dass er mir Hörner aufgesetzt!"

Im Dorfbeisl sieht man den Ehebrecher
kurz d'rauf im Kreis der Wirtshausbrüder steh'n,
er singt, es schäumt der süße Wein im Becher,
doch bald ist's um die Harmonie gescheh'n:

Es kommt der Ehemann der Ungetreuen,
blickt seinem Gegner finster ins Gesicht
und sagt: „Was du getan, wirst du bereuen.
Den angebot'nen Wein, den trink' ich nicht!"

Der junge Mann umarmt schnell den Rivalen
und beißt ihn ganz fest in das rechte Ohr.
Dies' Zeichen macht es offenbar vor allen:
Ein Kampf bis auf den Tod steht nun bevor!

„Das wird der Höhepunkt von der Geschichte!",
möcht' man jetzt denken, aber weit gefehlt.
Den Zweikampf kriegt man gar nicht zu Gesichte;
man wird um den Genuss einfach geprellt!

Am Ende wird so nebenbei gesprochen,
dass einer abgemurkst am Boden liegt.
Wir hören: „Der Tenor wurde erstochen,
der Bariton, der hat im Kampf gesiegt!"

Wie geht's jetzt weiter mit dem Ehepaare?
Kommt es zur Scheidung, muss er in den Knast?
Leider gibt's nicht die Chance, dass man's erfahre:
Es wurde keine Fortsetzung verfasst!

IRIS

Melodramma in drei Akten
Text von Luigi Illica
Uraufführung: 22. November 1898
Teatro Costanzi, Roma

Auch dieses Werk fängt nach dem Muster an:
Tenor verliebt sich heftig in **Sopran.**
> **Ich denk',** der Punkt ist uns sehr wohl geläufig,
> wir finden in der Oper ihn recht häufig.

Tenor entführt mit **Bariton** sodann
brutal bei einem Maskenspiel **Sopran.**
> **Ich denk',** ein solch' dramatisches Geschehen
> ist in der Oper nicht so oft zu sehen.

Nun lässt man für des Mädchens Vater – **Bass** –
rasch Geld zurück. Der findet's und wird blass.
> **Ich denk',** auch das, es kann als sicher gelten,
> gibt's auf der Opernbühne eher selten.

Bass hört, **Sopran** sei jetzt im Freudenhaus
und rückt sogleich, sie zu bestrafen, aus.
> **Ich denk',** dieses Motiv von Vaters Rache
> ist eine häufig vorkommende Sache.

Tenor verliert, eh' **Bass** noch dort kommt an,
sein großes Interesse an **Sopran.**
> **Ich denk',** so was, das wird man wohl bemerken,
> gibt's öfter auch in andren Opernwerken.

Darauf stellt **Bariton Sopran** ganz schlau
im Freudentempel gegen Geld zur Schau.
> **Ich denk',** so etwas, man kann's offen sagen,
> kommt in der Oper sonst fast nie zum Tragen.

Als jetzt **Tenor** erneut erblickt **Sopran,**
fängt seine Leidenschaft von vorne an.
> **Ich denk',** auch dies' Detail gehört bei weitem
> zu den recht selt'nen Handlungseinzelheiten.

Als **Bass** kommt und **Sopran** bewirft mit Kot,
beschließt **Sopran,** zu springen in den Tod.
> **Ich denk',** der Sprung zählt, das muss man betonen,
> zu den bekannt'ren Opernschlussversionen.

Nachdem am Grund ein Müllberg sich erhebt,
fällt dort **Sopran** darauf und überlebt.
> **Ich denk',** das kann man nicht gerade eben
> in allzu vielen Opern so erleben.

Sopran hört Stimmen, halb bewusstlos schon
und zwar von **Bass, Tenor** und **Bariton.**
> **Ich denk',** der Punkt mit Trance und Visionen
> kommt wieder öfter vor, muss man betonen.

Die Sonne steigt zum Himmel, hell und rot,
Sopran ist glücklich, aber kurz d'rauf tot.
> **Ich denk',** ein Blitztod ist, obwohl betrüblich,
> in vielen Bühnenwerken durchaus üblich.

Ein traurig' End, und doch ist man entzückt:
Sopran wird nämlich himmelwärts entrückt!
> **Ich denk',** wie man's auch drehen mag und wenden,
> es gibt nicht viele Opern, die so enden.

So manche Einzelheit in dem Geschehen
hat man auch anderswo schon mal gesehen,
die eine seltener, die andre häufig,
ein paar Details sind uns recht gut geläufig.
Doch eine Sache, dass man's wohl bemerke,
die gibt es sicher sonst in keinem Werke:

Tenor (*) und **Bariton (**)**, die hier vertreten,
die tragen Namen von zwei großen Städten,
indessen der **Sopran (***)**, die hübsche Muhme,
benannt ist gar nach einer schönen **Blume**.
Der **Bass (****)** doch, und das ist schon kurios,
ist in dem Stücke gänzlich namenlos.

   * „Osaka"
  ** „Kyoto"
 *** „Iris"
**** „il cieco" (Der Blinde)

Die Frage drängt sich auf mit aller Macht:
Was hat der Librettist sich da gedacht?
Doch derlei Dinge sind ja null und nichtig,
hier zählt M u s i k , was andres ist nicht wichtig!

Ruggero Leoncavallo
geb. 23. 4. 1857 in Neapel
gest. 9. 8. 1919 in Montecatini

Federzeichnung von Rudolf Wallner

I PAGLIACCI

Oper in einem Vorspiel und zwei Akten
Text vom Komponisten
Uraufführung: 21. Mai 1892
Teatro dal Verme, Milano

„Tsching bum trara" ertönt es von der Straße,
die Leute sind entzückt im höchsten Maße.
Es freu'n sich Kinder, Onkeln, Neffen, Tanten:
Ins Dorf kommen die Wanderkomödianten!

Vier Darsteller sind's, die das Spiel gestalten,
ihre bescheid'ne Kunst dabei entfalten:
Der **Canio,** der den Betrieb verwaltet,
der **Tonio,** ein Tölpel, missgestaltet,
dann ist da noch die Frau vom Chef der Truppe,
die **Nedda,** ein hübsche, junge Puppe.
Und **Beppo,** der vervollständigt die Runde;
er ist der vierte Schauspieler im Bunde.

Das Stück, das täglich sie zum Besten geben,
ist ein getreues Spiegelbild vom Leben,
denn hier wie dort geht's um des Menschen Triebe,
um Hass und Rache, Eifersucht und Liebe.

Der **Tonio** möcht' gern die **Nedda** küssen.
Die schreit: „Verschwind, ich will von dir nichts wissen!"
Doch kaum, dass dieser Mann von ihr gewichen,
da kommt auch schon der Nächste angeschlichen.
Der bittet sie: „Verlass' doch deinen Alten,
ich will nicht immer heimlich Händchen halten.
Du solltest einen Schlussstrich endlich ziehen
und mit mir nach der Vorstellung heut' fliehen."
Das hört der **Tonio** und nimmt jetzt Rache,
verrät dem Ehemann die ganze Sache.
Der **Canio** will sich den Knaben fischen,
doch dem gelingt es, ganz schnell zu entwischen.

Inzwischen sind zwei Stunden fast vergangen
und Zeit ist's, mit dem Schauspiel anzufangen.
(Zuvor muss dem Tenor es noch gelingen,
die weltberühmte Arie schön zu singen!)

Beim Spiel im Spiel danach, im zweiten Akte,
kommt **Canio** ganz plötzlich aus dem Takte.
Die Handlung ähnelt, wie ganz klar zu sehen,
frappant den Dingen, die da grad' geschehen.
Da packt ihn jetzt gar fürchterlich der Rappel,
er schnappt sich seine Frau brutal beim Kappel
und brüllt: „Den Namen will ich von dir wissen
von dem, mit dem ich dich erwischt beim Küssen!"

Das Publikum, das applaudiert indessen.
(So spannend ist das Spiel noch nie gewesen!)
Es merkt erst, dass das ja Realität ist,
als es dann für die **Nedda** schon zu spät ist.
Ein Stich, ein Schrei, die Zuschauer erbeben,
die Frau hat blitzschnell ausgehaucht ihr Leben.
Ihr Liebhaber will ihr zu Hilfe eilen
muss aber gleich das Schicksal mit ihr teilen.

Am Ende seh'n wir **Canio,** den armen,
wie er geduldig harret der Gendarmen.

Und mag das Blut auch literweise fließen,
es gibt schöne Musik da zu genießen.
Drum will man ja das schaurige Geschehen,
auch wenn's brutal ist, immer wieder sehen!

LA BOHÈME

Oper in vier Akten
Text vom Komponisten nach dem Roman
„La vie de Boheme" von Henri Murger
Uraufführung: 6. Mai 1897, Teatro „La Fenice", Venezia

Paris, Café „Momus", ein buntes Treiben,
man trinkt und schlemmt: Punsch, Wein,
Biskuit und Creme…
Dem Opernfreund muss man's nicht lang beschreiben.
Er sagt sogleich: „Das kenn' ich: **LA BOHÈME!**"

Doch wer jetzt glaubt, wir sind im zweiten Akte,
der irrt, ich sag's in ganz entschied'nem Ton,
weil sich die Sache hier in keinem Takte
bezieht auf die **Puccini**-Version!

Nach der nämlich, ein Jahr und noch ein Drittel,
da kam nach dem Murger-Romanbericht
ein Werk heraus mit völlig gleichem Titel
und dieses kennt man in der Regel nicht.

Darin nun ist Rodolfo, unser Dichter,
ein **Bariton**, Marcello der **Tenor**,
dann gibt's in dieser Oper auch Gesichter,
die kommen bei Puccini gar nicht vor:

Der Schenkenwirt, dann ein Herr **Graf Paolo**,
Eufemia, die Freundin des Schaunard,
dann hat ein alter **Literat** ein Solo,
man sieht Musettas **Hausnachbarn** sogar!

Der Literat bezahlt im ersten Teile,
(der spielt hier im **Café,** das sagt' ich schon)
der Künstler Zechbetrag in aller Eile,
grad' noch, bevor der Wirt die jagt davon.

Ein weiteres Detail ist noch zu nennen:
Marcello, anders als man es sonst sieht,
lernt hier Musetta, seine Braut, erst kennen.
(Was bei Puccini so ja **nicht** geschieht!)

Im zweiten Akt wird dieses Mädchen plötzlich
gewaltsam aus der Wohnung **delogiert**,
was, wenn's auch für sie selbst nicht grad' ergötzlich,
doch zu einer recht flotten Szene führt:

Die Party, die geplant war an dem Tage,
wird in den **Hof** verlegt, was, kurz gesagt,
den Nachbarn dann schön langsam wird zur Plage,
so dass man die Bohemiens verjagt.

Musetta kann die Not nicht mehr ertragen
und schreibt (im 3. Akte) einen Brief.
„'s ist aus!", will sie Marcello darin sagen
und heimlich **fliehen,** doch der Plan geht schief.

Sie will all ihren Mut zusammenfassen
und geh'n, da kommt Mimi zur Tür herein.
Die hat grad' ihren Liebhaber verlassen
und will jetzt wieder bei Rodolfo sein.

Nun singen die zwei liebeskranken Frauen
ein traumhaft schönes, rührendes Duett,
dann, als Musetta d'rangeht, abzuhauen,
erscheint Marcello und es ist **zu spät**.

Er liest das Schreiben, macht ihr eine Szene
und weist sie tief beleidigt aus dem Haus,
vergießt dann noch schnell singend eine Träne,
worauf der Vorhang fällt. (Der Akt ist aus.)

Am Schluss dann schließlich kehrt Mimi tief leidend
zu ihrem Freund Rodolfo rasch zurück
und sie erkennt, schon aus dem Leben scheidend:
Die Liebe dieses Mannes war ihr **Glück**!

's wär' schön, wenn diese „andere BOHÈME"
man etwas öfter auch zu seh'n bekäm'!
Ein tolles Werk, doch will zur Sprach' ich bringen
noch zwei, drei Punkte zu gewissen Dingen:
Es ist doch sicher nicht gleich jedem klar,
was da Musettas **Delogiergrund** war!
Dann kehrt Mimi im 3. Akt zum Glücke
doch zu Rodolfo, ihrem Freund, zurücke,
ganz ähnlich wie auch an der Oper End',
so dass man fragt: „Ja, war'n denn die **getrennt**?"
In diesem Punkte gibt's auf alle Fälle
auch zu **Puccini** eine Parallele:
Dort sind die Paare gleichfalls, wie es scheint,
einmal **getrennt,** dann wiederum **vereint**!

Es gibt bei all dem Herz-und-Schmerz-Geschehen
recht viel, was auf der Bühne nicht zu sehen.
Und wer den ganzen Durchblick haben möcht',
dem sage ich, es wäre gar nicht schlecht,
er würd' sich meinen Rat zu Herzen nehmen
und endlich sich einmal dazu bequemen,
sich zu besorgen und zu lesen dann
Henri Murgers „VIE DE BOHÈME"-Roman!*

---

* Ich hoffe, das sind gute Argumente
  (ich krieg von keiner Buchhandlung Prozente)!

Umberto Giordano
geb. 28. 8. 1867 in Foggia
gest. 12. 11. 1948 in Milano

Federzeichnung von Rudolf Wallner

ANDREA CHÉNIER

Historisches Drama in vier Bildern
Text von Luigi Illica
Uraufführung: 28. März 1896
Teatro alla Scala, Milano

Ein Kammerdiener ist so nebenbei
bei einer linken Untergrundpartei.
Die will nicht bloß die Dienstzeiten verkürzen,
sie möchte glattweg die Regierung stürzen!
Zunächst aber bedient der gute Mann
die Leut' noch, die er gar nicht leiden kann,
umsorget die hochadeligen Gäste
bei einem ihrer abendlichen Feste,
bis ihm vor Wut der Kragen schließlich platzt
und er ihnen die Party arg verpatzt:
Er stürmt den Saal der schnöden Ignoranten
mit einer Schar Parteisympathisanten,
wirft seiner Chefin die Livree voll Hohn
vor ihre Füße hin und eilt davon.

Vom Umsturz selbst ist dann gar nichts zu sehen.
Der ist während des Aktumbaus geschehen.

Ach, übrigens, da war noch ein Poet,
der, wie das in der Oper halt so geht,
beim großen Abendfest im ersten Akte
den Gästen offen seine Meinung sagte.
Der tritt mit seinem heldischen Tenor
nun auch im zweiten Teil wieder hervor,
verliebt sich in die Tochter von dem Hause,
wo's vor dem Umsturz gab die Abendjause.
Doch wie in der Verismo-Oper Brauch,
steht auf das Mädel halt ein andrer auch,
und das ist – überflüssig, dass man fragte –
der Kammerdiener aus dem ersten Akte.
Als sich die Sache zum Duell zuspitzt,
wird der vom Dichter ganz leicht aufgeschlitzt.

Nach zwei Wochen Spital kommt er nach Hause.
Doch das geschieht während der großen Pause.

Der Diener hatte schon das rechte G'spür:
Er ist jetzt nach dem Putsch ein hohes Tier.
Als solches will er keinen Moment säumen,
den Nebenbuhler aus dem Weg zu räumen.
Er sagt: „Ich gönn' ihm dieses Mädchen nicht!"
und zerrt ihn als Verräter vors Gericht.
Doch dann, nachdem er kurz mit sich gehadert,
bekennt er: „Ja, ich hab' ihn nur vernadert!"
Der Richter pfaucht: „Was ist's, was du da spielst?
Ich hoff', du weißt jetzt endlich, was du willst!"
Dass der Parteifreak seine Kompetenzen
glatt übertrat, hat keine Konsequenzen,
während der Dichter vom Gericht komod
ganz unschuldig verurteilt wird zum Tod!

In Fesseln bringt man ihn zur Todeszelle
beim letzten Aktumbau in aller Schnelle.

Jetzt wartet er auf seine letzte Stund',
tut seinen Schmerz in einer Arie kund.
Kurz d'rauf kommt dann Besuch in das Gefängnis.
Der Wärter kommt ganz plötzlich in Bedrängnis:
Vor ihm steht der dramatische Sopran,
das Liebchen von dem inhaftierten Mann
und sagt: „Ich möchte mich darum bewerben,
gemeinsam mit dem Dichter da zu sterben."
Er hält die Hand ihr hin, sie gibt ihm Geld,
worauf sie die Erlaubnis prompt erhält.
Was kann's für zwei Verliebte Schön'res geben?
Die beiden scheiden singend aus dem Leben!

Den spannendsten Moment der ganzen G'schicht,
den sieht das Publikum dann leider nicht:
Beim Zeichen, dass das Beil herniedersause,
ist's nämlich längst schon auf dem Weg nach Hause!

FEDORA

Oper in drei Akten
Text von Arturo Colautti
nach dem gleichnamigen Drama
von Victorien Sardou
Uraufführung: 17. November 1898
Teatro Lirico, Milano

Das Werk erzählt von **vier** verschied'nen **Paaren**,
die allesamt nie richtig glücklich waren.
Und das Groteske ist, muss man betonen:
Man sieht davon statt **acht** nur **drei Personen**!

Beim **ersten Paar** ist das Verhältnis klar:
Das steht kurz vor dem Gang zum Traualtar.
Doch plötzlich ist die Braut recht arg verdrossen:
Ihr zukünftiger Mann wurde erschossen!
Und dieser Umstand führt uns nebenbei
gleich zu unserem **Pärchen Nummer zwei:**
Obwohl sich's da um Eheleute handelt,
ist doch die Frau ganz insgeheim verbandelt
mit einem andren, vom **Paar eins** dem Mann
und das ergibt das **Pärchen drei** sodann.
Die Sache macht, obwohl verzwickt, schlussendlich,
sogar den Tod vom **Manne eins** verständlich,
weil da der **Zweier** eben Rache nahm,
als er dem **Pärchen drei** dahinter kam!
Um all das etwas einfacher zu machen,
sei hingewiesen noch auf ein paar Sachen:
Es ist die Frau vom **Pärchen Nummer drei**
die Gattin auch vom **Ehepaare zwei,**
der **Eins**, vom **Zwei** erschossen eigenhändisch,
ist mit dem Mann vom **Paare drei** identisch!
Als jetzt der Mann vom **Pärchen Nummer zwei**
der Frau vom **Eins** erklärt so nebenbei,
dass dieser, ihr Beinahe-Ehegatte,
mit seiner Frau, der **Zwei,** ein Pantscherl hatte,

stürzt Amor beide ins Gefühlsgewirr
und es entsteht das **Pärchen Nummer vier!**
Nun wollt' sich ja die Frau am **Zwei,** dem frechen,
schon lange für den Mord am **Einser** rächen,
doch jetzt, als Teil vom **Paare Nummer vier,**
erkennt sie erst: Der **Zwei** kann nichts dafür!
Zu spät: Dem **Zwei** (und **Vier**) wird jetzt berichtet:
Man hat seine Familie vernichtet!
Da checkt's der doppelt nummerierte Mann:
Das hat die **Eins** (alias **Vier**) getan!
Er schimpft mit ihr, sie schluchzt zum Herzerbarmen,
dann nimmt sie Gift und stirbt in seinen Armen.

**Die Personen der Handlung und ihre
Verhältnisse zueinander:**

Paar eins:
M1 Vladimiro Andrejevich — Verlobter von **F1,**
liiert mit **F2**

F1 Fedora Romazoff — Verlobte von **M1,**
im Schlussakt Geliebte
von **M4**

Paar zwei:
M2 Loris Ipanoff — verheiratet mit **F2,**
erschießt **M1** aufgrund
dessen Verhältnisses mit
F2, im Schlussakt Ge-
liebter von **F4**

F2 Wanda Ipanoff — Gattin von **M2,** (tritt
nicht auf) insgeheim
liiert mit **M1**

Paar drei:

M3 Vladimiro Andrejevich — ursprünglich **M1**, erschossen von **M2**

F3 Wanda Ipanoff — ursprünglich **F2**, (tritt nicht auf) Gattin von **M2**, Ursache des Mordes an **M1**

Paar vier:

M4 Loris Ipanoff — Mörder von **M1**, Gatte von **F2**, im Schlussakt Geliebter von **F1**

F4 Fedora Romazoff — ursprünglich Verlobte von **M1**, im Schlussakt Geliebte von **M2**

Man sieht: Wenn man sie recht analysiert, ist diese Oper gar nicht kompliziert!

Francesco Cilea
geb. 23. 7. 1866 in Palmi
gest. 20. 11. 1950 in Varazze

Federzeichnung von Rudolf Wallner

ADRIANA LECOUVREUR
(oder „Blumen als Mordwaffe")

Oper in vier Akten
Text von Arturo Colautti nach dem Drama
„Adrienne Lecouvreur" von Eugène Scribe und
Ernest Legouvé
Uraufführung: 6. November 1902
Teatro Lirico, Milano

Die Diva vom Pariser Schauspielhaus
schenkt ihrem Liebsten einen **Blumenstrauß**,
den der an eine **andre** weitergibt,
an eine Frau, die **auch** in ihn verliebt.
Die tränkt mit **Gift** die Blumen kurzerhand,
schickt sie der **anderen** per Postversand.
Nachdem die diese so zurückerwirbt,
riecht sie an dem Bukett, fällt um und **stirbt**.

**Durch diese Oper weiß nun jedes Kind,
dass Blumensträuße höchst gefährlich sind.
Sie dienen nicht der Freude nur allein,
sie können auch ein Mordinstrument sein!**

Soweit das Geschehen, auf **das Wesentliche** konzentriert.
Für alle, die es genauer wissen wollen, nachfolgend
eine **ausführlichere Werkzusammenfassung:**

Der **erste Akt** der Oper, muss man wissen,
spielt im Theater, hinter den Kulissen.
Der Regisseur, wie sich's halt so ergibt,
ist in die Primadonna schwer verliebt.
Die Sach' nimmt für ihn einen bösen Wandel:
Die Frau hat einen anderen am Bandel!
Ein Offizier hat es ihr angetan,
ein stattlicher, sehr eleganter Mann.
Doch möchte diesen attraktiven Knaben
auch eine noble Fürstin für sich haben.

Der Mann der Fürstin wiederum – o Schmach! –
stellt einer hübschen Schauspielerin nach.
Von der ist viel die Rede im Geschehen,
sie selbst ist in der Oper nicht zu sehen.
Ganz heimlich schrieb die an den Offizier:
„Geh, sei so gut und komm' heut' Nacht zu mir!"
Jetzt muss der Fürst um ihre Treue bangen
und hat deshalb das Schreiben abgefangen.
Was er nicht weiß, ist, dass der Brief – wie schlau! –
in Wahrheit stammt von seiner eig'nen Frau.
Er sagt: „Die gehen mir sicher in die Maschen.
Ich werd' beim Stelldichein sie überraschen!"

**So endet denn mit kräftigem Applaus
der erste Akt. Ich hoff', man kennt sich aus.**

Im **zweiten Akt** sind alle dann beisammen:
der Offizier, der Fürst und die zwei Damen,
und zwar im Haus von jenem Bühnenstar,
von dem im ersten Akt die Rede war.
Das macht die Primadonna freilich tüchtig
auf die Berufskollegin eifersüchtig.
Und auch die Fürstin ahnt: Der Offizier
ist zwar gekommen, doch nicht wegen ihr!
Da reicht der Mann ihr schnell den Strauß von Veilchen,
den ihm die Diva gab vor einem Weilchen
und denkt: „Bevor die ein Theater macht,
muss ich sie doch beruhigen ganz sacht!"
Die Fürstin überlegt: „Ich muss verschwinden,
mein Mann darf mich auf keinen Fall hier finden!"
Just mit des Fürsten Schlüssel zu dem Haus
lässt jetzt ihre Rivalin sie hinaus,
wobei, da doch „im Finst'ren ist gut munkeln"
die beiden ein Duett singen im Dunkeln.
Es kommt zum Handgemenge und – ho ruck! –
der Fürstin fehlt ein Stück von ihrem Schmuck.

**Ich hoffe, auch in diesem zweiten Akte
ist alles klar bis hin zum letzten Takte.**

Der **dritte** schließlich zeigt einen Empfang.
Der stolzen Fürstin wird ganz plötzlich bang:
Sie hat die Nebenbuhlerin, die schlimme,
ganz zweifelsfrei erkannt an deren Stimme!
Spontan erzählt sie voller Hinterlist:
„Wisst ihr, dass der Soldat verwundet ist?"
Da sieht die Primadonna man erbleichen,
ein für die Fürstin untrügliches Zeichen,
denn die Reaktion verrät es ihr:
Die hat etwas mit diesem Offizier!
Die Diva doch erkennt mit einem Male:
Das war jetzt von der Fürstin eine Falle,
denn plötzlich öffnet sich zum Saal die Tür
und ihr Galan steht kerngesund vor ihr!
Da denkt sie sich: „Für den Betrug, den frechen,
werd' ich mich an der Fürstin furchtbar rächen!"
Das Armband, das die bei der Flucht verlor,
das zeigt sie jetzt vor allen Gästen vor.
„Schaut alle her!", sagt sie ganz unumwunden,
„das Ding hab' ich in jenem Haus gefunden,
in dem ein Pärchen nachts beisammen war."
Der Fürst erkennt's und wird vor Schreck ganz starr.

**So geht mit einem Mordsskandal schlussendlich
der Akt zu End'. Ich hoff', er war verständlich.**

Im **Schlussakt** kriegt die Diva ein Paket,
wobei sie dessen Inhalt missversteht:
Den Strauß, den sie dem Liebsten einst gespendet,
hat er ihr – denkt sie – jetzt zurückgesendet.
Das findet sie natürlich ungerecht,
sie flennt, sie riecht d'ran und es wird ihr schlecht.
Die Veilchen, ja, das ist so eine Sache,
hat ihr die andere geschickt aus Rache.

Die Diva ahnt nicht, als sie daran schnieft:
Die Blümelein sind präpariert mit Gift!
Als jetzt der Offizier tritt in ihr Zimmer,
da hilft ihr auch sein Heiratsantrag nimmer.
Es ist, bevor sie stirbt, gerad' noch Zeit
für einen traurigen Gesang zu zweit.
Dann fällt sie vor ihrem Geliebten nieder
und streckt nach kurzem Todeskampf die Glieder.

**Die Oper ist ganz einfach und lapid
mit einem Wort erklärt, wie man hier sieht.
Sehr übersichtlich ist hier das Geschehen
und überhaupt nicht schwierig zu verstehen.
Man kriegt's nur leider selten zu Gehör:
Cileas ADRIANA LECOUVREUR !**

Alfredo Catalani

geb. 19. 6. 1854 in Lucca
gest. 7. 8. 1893 in Milano

Federzeichnung von Rudolf Wallner

LA WALLY
(„Wenn das Wörtchen **wenn** nicht wär'....")

Oper in vier Akten
Text von Luigi Illica nach
dem Roman „Die Geierwally"
von Wilhelmine von Hillern
Uraufführung: 20. Januar 1892
Teatro alla Scala, Milano

1. Akt:

Ein Bauernbursch liebt eine Bauernmaid
und wär' über ihr Jawort sehr erfreut.
Ja, selbst des Mädchens Vater säh' den Herrn
als Schwiegersohn und Hoferben recht gern.

Die Kleine aber weigert sich: „Nein, nein,
den mag ich nicht, der kann mein Mann nicht sein!"
Daraufhin wird sie, kaum dass sie's gesagt,
mit Schimpf und Schand' von Haus und Hof verjagt.

Wenn sie den braven Burschen hätt' genommen,
dann wär's zu diesem Unglück nicht gekommen.
Doch dann gäb's auch – der Haken an der G'schicht' –
die traumhaft schöne Wally-Arie nicht!

> **Wally:** „Nun, so werde ich fortgehen wie
> das Echo der heiligen Glocke.
> Dort im weißen Schnee, in den goldenen Wolken,
> wo die Hoffnung Qual und Schmerz ist.
> O fröhliches Haus meiner Mutter, Wally
> wird weit von dir weggehen
> und vielleicht nie mehr zurückkehren.
> Nie mehr, nie mehr...!"

2. Akt:

Das Mädchen ist, was man ja ahnen kann,
ganz schwer verliebt in einen andren Mann,
doch der, wie's in der Oper sich gebührt,
ist längst mit einer anderen liiert.

Er raubt beim Tanz der armen Maid zum Schluss
zum Gaudium des Volkes einen Kuss.
Die stiftet d'rauf ihren Verehrer an:
„Du liebst mich doch. Geh', bring' ihn um, den Mann!"

Wenn dieser nun die andre hätt' genommen,
wär's nie zum Mordanschlag auf ihn gekommen.
Doch dann gäb's auch – der Haken an der G'schicht' –
das spannungsvolle Aktfinale nicht!

> **Soldat:** „Es lebe Hagenbach!"
> **Die Menge:** „Hurra!"
> **Wally** (*nimmt Gellner beim Arm*):
> „Sag, liebst du mich noch?"
> **Gellner:** „Für immer!"
> **Wally** (*mit entschlossener Stimme*): „Ich will ihn tot sehen!"

3. Akt:

Der Maid Verehrer prompt den Mord versucht:
Er haut den Feind brutal in eine Schlucht,
ruft „Auftrag ausgeführt!" und denkt sodann:
„Jetzt nimmt die Puppe mich bestimmt zum Mann!"

Doch die, des Liebsten Rettung nur im Sinn,
eilt voller Reu' zum Ort der Schandtat hin,
birgt mutig ihn aus tiefem Felsenschlund
und sagt zur Braut: „Da hast, pfleg' ihn gesund!"

Wenn 's Mädchen nicht die Felsschlucht hätt' erklommen,
wär's zu des Burschen Rettung nicht gekommen.
Doch dann gäb's auch – der Haken an der G'schicht' –
die Kuss-Zurückerstattungs-Szene nicht!

> **Wally**: „Ja, er lebt noch!"
> (*zu Afra*) „Es ist Gott, der ihn dir zurückgibt, und er möchte, dass er dein ist, gerettet durch meine Hand!"
> (*mit großer Bewegung*) „Auch mein Haus, die Felder und die Wiesen, Afra, alles ist dein. Leb wohl! Leb wohl!"
> (*ganz sanft zu Afra*) „Und wenn er seine Augen öffnen wird, so sage ihm, dass ich ihm den Kuss, den er mir geraubt, zurückgegeben habe!"
> **Alle**: „O großmütiges, heiliges Wesen!"

4. Akt:

Die Maid zieht ins Gebirge sich zurück,
da kommt ihr Angebeteter zum Glück
und sagt: „Weißt eh, mir ist jetzt eines klar:
Ich bin in dich verliebt mit Haut und Haar!"

Sie brechen glücklich auf ins Tal hinab,
da reißt eine Lawine ihn ins Grab.
Die Maid stampft mit dem Fuß: „Das ist gemein!",
nimmt einen Anlauf und springt hinterdrein.

Wenn er ein andres Wegerl hätt' genommen,
wär's nicht zu dem Lawinentod gekommen.
Doch dann gäb's auch – der Haken an der G'schicht' –
das „Tosca"-hafte Sprungfinale nicht!

> **Wally:** „Josef! Hörst du mich, Josef?" (*Stille*)
> (*nach einer Weile*): „Düstere Stille. Dort unten ist der Tod!"
> (*Sie bedeckt ihr Gesicht mit den Händen. Dann blickt sie auf und breitet, am Abgrund stehend, ihre Arme aus*):
> „O Schnee, du mein weißes Schicksal, hier steht Josefs Braut. Komm, öffne mir deine Arme!
> (*Sie stürzt sich, die Hände weit ausgestreckt, in den Abgrund*)

Wenn unser Girl den andren hätt' genommen,
wär's nicht einmal zum zweiten Akt gekommen!
Kein Busserlraub mit höhnisch – frecher Miene,
kein Mordanschlag, am End' keine Lawine!

Was da noch übrig blieb', wär Alltag pur,
ein Eheleben, brav und bieder nur.
**Und wenn ein Paar nur alt wird Hand in Hand,
wär' das als Oper kaum interessant!**

Der Autor

Rudolf Wallner, geboren am 22. April 1946 in Strobl am Wolfgangsee, war als Techniker, Literat, Zeichner, Stadtführer und Dolmetscher tätig, ehe er sich ganz auf die Musik konzentrierte. Er ist ausgebildeter Opernsänger und hat innerhalb von 25 Jahren Einführungsvorträge zu über 200 Bühnenwerken, unter anderem bei den Salzburger Festspielen, gehalten. Durch die Leitung von Musikstudienreisen in über 40 Länder der Welt – von Finnland bis Australien, von Japan bis Chile und Brasilien – mit dem gemeinsamen Erarbeiten der verschiedenen Werke, lässt er seine profunde Kenntnis der Materie seit Jahren auch einem größeren Kreis von Musikbegeisterten zugute kommen. Der vorliegende Gedichtband ist nach den bereits erschienenen Bänden „Schmunzel-Verdi" und „Schmunzel-Wagner" nunmehr das dritte „Nebenprodukt" dieser Tätigkeit.

Rudolf Wallner, der Autor des „Schmunzel-Puccini"

Inhaltsverzeichnis

Vorwort 5

Giacomo Puccini:
1. Le Villi 8
2. Edgar 11
3. Manon Lescaut
   oder „Die Flucht" 14
4. La Bohème 16
5. Tosca 18
6. Madama Butterfly 21
7. La Fanciulla del West 24
8. La Rondine 27
9. Il Tabarro
   oder „Rauchen ist lebensgefährlich" 29
10. Suor Angelica
    oder „Die Pille ist ein Segen" 31
11. Gianni Schicchi 33
12. Turandot 35

Pietro Mascagni:
Cavalleria rusticana 38
Iris 41

Ruggero Leoncavallo:
I Pagliacci 46
La Bohème 48

Umberto Giordano:
Andrea Chénier 52
Fedora 54

Francesco Cilea:
Adriana Lecouvreur
oder „Blumen als Mordwaffe" 58

Alfredo Catalani:
La Wally
(„Wenn das Wörtchen ‚wenn' nicht wär) 64

Der Autor 68

Giacomo Puccini: einer der erfolgreichsten Opernkomponisten der Geschichte! Im vorliegenden Band wurde das Gesamtschaffen des großen toskanischen Meisters sozusagen aus der Zwinkerecke heraus betrachtet. Der Autor hofft, dass er damit nicht vielleicht einem Puccinifreund auf die Füße getreten ist. Die „schönste aller Künste" kann sehr wohl – bei aller Liebe zu ihr – auch vom Standpunkt der Logik und Glaubwürdigkeit her hinterfragt werden. Gleiches gilt freilich auch für das Schaffen anderer Komponisten. Damit kommen wir zu unserem nächsten Projekt, das bereits in konkreter Planung ist: dem „Schmunzel-Mozart". Er wird alle Opern des großen Salzburger Musikgenies enthalten, wiederum auf humorvolle Weise behandelt. Ein Auszug aus diesem mittlerweile vierten Operngedichtband von Rudolf Wallner soll einen kleinen Vorgeschmack darauf bieten.

Wolfgang Amadeus Mozart: DIE ZAUBERFLÖTE

Große Oper in zwei Aufzügen
Text von Johann Emanuel Schikaneder
Uraufführung: 30. September 1791
Theater im Starhembergschen Freihaus
auf der Wieden, Wien

Einst wurde einer königlichen Dame
das hübsche junge Töchterchen entführt.
Sie schrie: „Das war Sarastro, der Infame!"
und hat den Herrn Tamino engagiert.

Der kriegt ein Foto, damit er sie finde,
doch statt die Suche richtig anzugeh'n,
betrachtet er die Züge von dem Kinde
und schwärmt: „Dies' Bildnis ist bezaubernd schön!"

Ein Hippie ist des Detektivs Begleiter,
doch ist er für die Sache kein Gewinn,
denn dieser, Papageno, hat nichts weiter
als Speise, Trank und Mädchen stets im Sinn.

Der Herr Agent bekommt für alle Fälle
ein elektronisches Signalgerät.
Das hilft – wie bei James Bond – ihm auf der Stelle,
wenn's richtig zu benützen er versteht.

Die Fährte führt die zwei ungleichen Helden
direkt zu eines prächt'gen Tempels Tür.
Gleich d'rauf hört den Tamino man vermelden:
„Ich glaub', das ist ein Sektenhauptquartier!"

Dem Papageno zittern zwar die Beine,
doch sie geh'n rein – und staunen plötzlich sehr,
denn alle Leute in diesem Vereine,
die laufen nur in Nachthemden umher!

Entschlossen tritt den beiden man entgegen
und fragt sie strenge, was denn ihr Begehr'.
Tamino sagt: „Ich komm Paminas wegen,
ich soll nach Haus sie bringen, bitte sehr!"

„Was glaubt ihr denn, da kann ich ja nur lachen!",
sagt ihnen d'rauf der Boss von dem Verein,
„da müsst ihr erst die Aufnahmsprüfung machen,
sonst dürft ihr zu dem Girl gar nicht hinein!"

Tamino, der einst von des Mädchens Mutter
das komische Signalgerät erhielt,
erinnert sich jetzt an diesen Computer
und schafft den Test, indem er darauf spielt.

Kaum dass der Gute weiß, wie ihm geschehen,
gehört er jetzt zur auserwählten Schar.
Pamina kann die Prüfung auch bestehen.
Die zwei werden ein Priesterehepaar!

Der Papageno will nicht Pfarrer werden
und zieht das Aufnahmegesuch zurück.
Ein Weibchen nur, mehr will er nicht auf Erden!
Er kriegt's und lebt fortan in Lieb' und Glück.

Ein schönes Werk, doch muss ich ehrlich sagen,
es bleiben trotzdem offen ein paar Fragen:
Im Priesterclub sind Männer nur allein.
Wie kann da die Pamina Mitglied sein?
Desgleichen kommt man ziemlich arg in Nöte,
betrachtet man die Sache mit der Flöte:
Wie konnt' der Prinz sie von der Bösen kriegen,
wenn's ihm dann hilft, das Böse zu besiegen?
's Problem fängt ja schon mit Tamino an:
Der hat doch seinen Job gar nicht getan!
Statt 's Mädchen zu befreien unverdrossen,
hat er sich den Entführern angeschlossen.
Paminas Mutter trifft des Himmels Strafe,
der Kidnapper jedoch gilt als der Brave!

Doch hoff' ich, dass das nicht Probleme macht.
Entschuldigung – ich hab' nur laut gedacht!

Leseproben aus Wallners „Schmunzel-Verdi" und „Schmunzel-Wagner"

10. MACBETH

Oper in vier Akten
Text von Francesco Maria Piave nach Shakespeares Drama
Uraufführung: 14. März 1847, Teatro della Pergola, Firenze

Zwei Feldherrn aus der Schlacht nach Hause kehren
und lassen von den Hexen sich belehren
in Sachen Zukunft, Laufbahn, Job und Kinder…
Der eine staunt, der andere nicht minder:
Herr B a n c o würde Königsvater werden,
und M a c b e t h sogar König hier auf Erden!
Man meint, die beiden müssten ganz entschieden
davon begeistert sein und hoch zufrieden.
Sie bräuchten ja des Spruchs, des wunderbaren,
schlussendlicher Erfüllung nur zu harren!

Dass das ganz anders kommt, hat seine Gründe
und recht geschlechtsspezielle, wie ich finde:
Es sind doch M ä n n e r grundsätzlich bescheiden
und drauf bedacht, Probleme zu vermeiden.
Bei F r a u e n dahingegen ist zu sehen:
Es kann ihnen nichts hurtig genug gehen!
F r a u M a c b e t h brennt darauf vor allen Dingen,
des Spruchs Erfüllung sogleich zu erzwingen.
Der König würde heut' im Schlosse weilen.
Da meint die Frau: „Wir müssen uns beeilen,
um unsre Chance nur ja nicht zu versäumen,
bei gutem Wind ihn aus dem Weg zu räumen!"
Ihr Gatte zaudert, er will das nicht machen.
Die Lady sagt: „Geh, mach nicht solche Sachen!
Komm, zeig doch endlich einen starken Willen,
wie soll der Hexen Wort sich sonst erfüllen?"
So schleicht er denn des nachts ins Gästezimmer,
fünf Takte drauf rührt sich der König nimmer.

Herr Macbeth, Herrscher nun von heut' auf morgen,
könnt' jetzt zufrieden sein und ohne Sorgen,
wär' da nicht, nach der Königsmacht-Verleihung,
der zweite Teil der Hexenprophezeiung!
Und wieder ist's die F r a u , von Macht besessen,
die sagt: „Wir dürfen B a n c o nicht vergessen!
Der ist gefährlich, also ist vonnöten,
den möglichen Rivalen auch zu töten."
Der Mord geschieht, wie man sich's vorgenommen,
des Opfers Sohn, der kann jedoch entkommen.

Man ahnt sogleich: D a s wird der neue König!
Die ganze Machtgier half der Lady wenig.
Man sieht, wie sie dem Tod entgegenschmachtet,
sie brabbelt wirres Zeug, total umnachtet.
Als sie ins Gras beißt, ist der Spuk zu Ende
und auch ihr Mann stirbt durch der Gegner Hände.

Soweit die Handlung, doch nun muss man fragen:
Was ist über des Unglücks Grund zu sagen?
Waren's die H e x e n , die dahinter standen,
dass so viel Menschen da ihr Ende fanden?
War's etwa so, dass es das S c h i c k s a l wollte,
dass alles ganz genauso kommen sollte?
Da muss ich protestieren, denn ich finde,
das Unheil hat ganz andre Hintergründe:
Als H a u p t u r s a c h e kann man klar erschauen
die sprichwörtliche U n g e d u l d   d e r   F r a u e n !

7. TRISTAN UND ISOLDE

Musikdrama in drei Akten
Text vom Komponisten
Uraufführung: 10. Juni 1865, Hoftheater München

Unter den schönsten Lieb- und Schmerzgeschichten,
die je ein Verserlschreiber konnt' erdichten,
ist auch die Mär von Tristan und Isolde,
dem Pärchen, das so edel war und holde.

Eh' sich der Vorhang hebt zum ersten Akte,
eh' noch erklingen Wagners erste Takte,
da hat sich schon so manches zugetragen,
was man nicht sieht, drum will ich es hier sagen:

Isolde war dem Morold einst versprochen,
doch als plötzlich ein Krieg dann ausgebrochen,
da zog der in den Streit ganz ohne Zagen
und ward von Tristan gleich brutal erschlagen.

Im Kampf erhielt auch dieser eine Wunde
und ließ die, auf dass er wieder gesunde,
– man will's kaum glauben der Groteske wegen –
just von der Braut des Abgemurksten pflegen!

Isolde hielt das Schwert schon in den Händen,
um ihn, den Tristan, in den Tod zu senden,
doch fand sie, dass die Rache sie nicht freute
und ließ es sein (was später sie bereute).

Der Tristan bringt sie jetzt auf einer Fähre
nach England hin, dort wartet hohe Ehre:
Man will nämlich, ganz frei von allen Skrupeln,
dem alten König Marke sie verkuppeln.

Isolde ist schockiert von diesen Sachen
und sagt: „Das lasse ich mit mir nicht machen.
Da nehm' ich lieber Gift, fall' tot zur Erde,
bevor des Königs Ehefrau ich werde!"

Und sie befiehlt gleich ihrer Kammerfraue,
dass die ihr einen Todestrank g'schwind braue
und ruft zum Tristan hin: „Komm her, du Frecher,
wir leer'n jetzt miteinander diesen Becher!"

Sie trinken ex, die Wirkung ist verheerend,
denn plötzlich ist ihr Blick vor Lieb' verzehrend
und beide können – es ist kaum zu fassen –
jetzt einfach voneinander nicht mehr lassen.

„Entschuldigung!", ruft da Isoldes Zofe,
die schuld ist an der ganzen Katastrophe,
denn sie hat diese Sachen so gedrechselt
und die zwei Flascherln absichtlich verwechselt.

Sie sagt: „Es war so finster in dem Zimmer,
ich seh' die Aufschrift ohne Brillen nimmer
und – schaut's – das hat auch seine guten Seiten:
Die zwei werd'n sich in Zukunft nimmer streiten!"

's Erwachen für das Paar folgt auf dem Fuße:
Es wird ertappt beim nächtlichen Geschmuse,
und Tristan wird dabei so schwer verwundet,
dass er davon jetzt nimmermehr gesundet.

Sein Todeskampf erstreckt sich auf zwei Stunden,
den ganzen Schlussakt schmerzen ihn die Wunden,
und auch Isolde stirbt – so mild und leise –
(wobei man nicht erfährt, auf welche Weise).

Ist es pervers, wenn wir diese Geschichte,
von der ich so respektlos hier berichte,
immer aufs Neue wollen seh'n und hören
und immer wieder uns'ren Sinn betören?

Es ist halt schön, wenn Opernhelden sterben,
sie gehen schließlich s i n g e n d ins Verderben.
Zudem sind doch, wie oft wir sie auch sehen,
die Stories eh in Wahrheit nie geschehen!

OTELLO

Lyrisches Drama in vier Akten
Text von Arrigo Boito
nach William Shakespeares „Othello, the moor of Venice"
Uraufführung: 5. Februar 1887, Teatro alla Scala, Milano

Ein hoher Offizier mit dunkler Haut
hat sich in eine blonde Frau verschaut.
Des Mädchens Eltern aber sind dagegen,
hauptsächlich seiner schwarzen Farbe wegen,
worauf der Mann, so wie sich's halt gebührt,
sie kurzerhand vom Elternhaus entführt.
Sie heiraten, nehmen ein Boot und schippern
in Richtung zum Marinestützpunkt Zypern.
So nebenbei haut er mit seinem Heer
die Türkenflotte noch ganz schnell ins Meer.

Am Ziele dann werden die Flitterwochen
auf ganz brutale Weise unterbrochen,
denn unter den Soldaten ist ein Mann,
der diesen Mohren gar nicht leiden kann,
nachdem der ihn das letzte Mal doch glatt
bei der Beförd'rung übergangen hat.

Der so Zurückgesetzte sinnt auf Rache
und sagt: „Ich weiß auch schon, wie ich das mache:
Ich sag', dass seine Gattin akkurat
mit einem andren Mann ein Gspusi hat!"

Der Ehemann will das zunächst nicht glauben:
„Sie ist doch erst ganz frisch unter der Hauben!
Da wird so was doch nicht sogleich gescheh'n.
Auf jeden Fall will ich Beweise seh'n!"
Zumindest nagt an ihm jetzt schon der Zweifel.
Der Schurke sieht's und freut sich wie der Teufel.

Tatsächlich hat er, wie's der Zufall will,
kurz drauf mit seinem Opfer leichtes Spiel:
Der Mohr schleudert mit grimmiger Gebärde
ein Taschentuch von seiner Frau zur Erde.
Das spielt der abgrundböse Intrigant
mit List und Tücke nun in dessen Hand,
den er als Ehebrecher hingestellt hat,
(obwohl ihm der Beweis dafür gefehlt hat).
Der Mohr sieht seiner Liebe Unterpfand,
das Schnäuztuch, in des andren Mannes Hand!
Vor Kummer außer sich ruft er nach Rache.
Der Tod der Gattin ist beschloss'ne Sache.

Ein letztes Mal fragt er: „Wo ist das Tuch?"
Sie sagt: „Geh, wenn ich's eh die ganz' Zeit such'!
Was soll ich tun, ich kann's einfach nicht finden
und hab schon all's durchwühlt von vorn bis hinten!"

Am Abend schleicht er um ihr Bett herum,
küsst sie ganz zärtlich – und bringt sie dann um.
Dass sie danach noch singt, könnt' man entbehren,
denn das ist wirklich sehr schwer zu erklären!

Zu spät wird die Intrige aufgeklärt,
so richtig tragisch, wie sich das gehört.
Am End' sehn wir den Mohren mit sich ringen
und er beschließt, sich selbst auch umzubringen.

In dieser Oper gibt es recht viel Zoff
nur wegen eines kleinen Fetzerls Stoff.
Es sind doch stets die unscheinbarsten Sachen,
die dann die größten Scherereien machen.
Doch das ist gut, ich sag's ganz ungeniert,
sonst hätte das doch niemand komponiert!